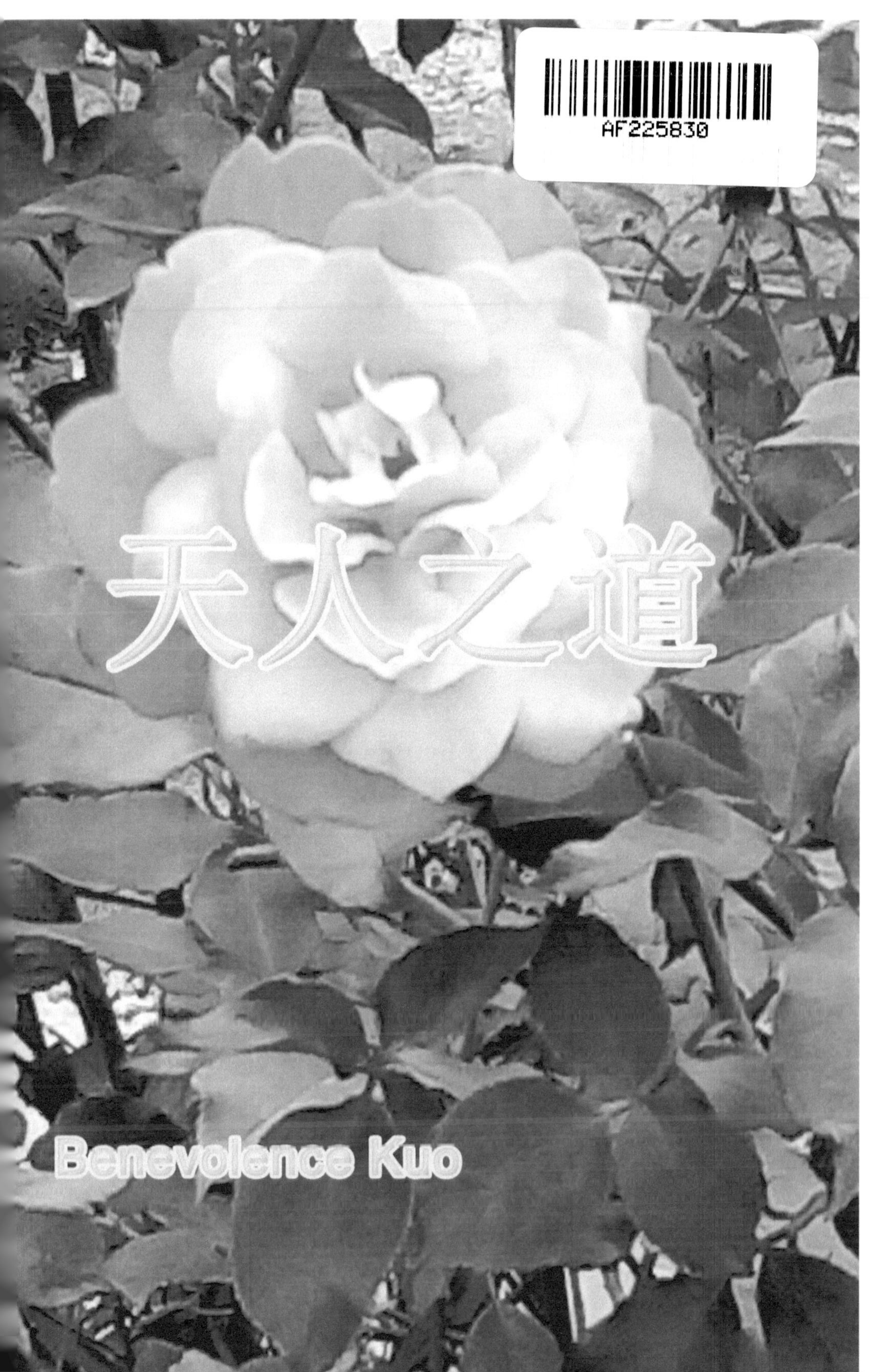

天人之道
Benevolence Kuo

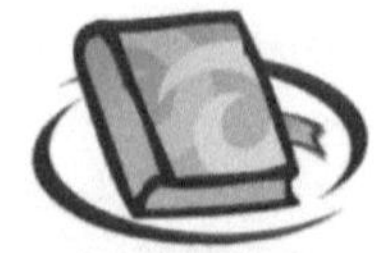

美商EHGBooks微出版公司
www.EHGBooks.com

EHG Books 公司出版
Amazon.com 总经销
2023 年版权美国登记
未经授权不许翻印全文或部分
及翻译为其他语言或文字
2023 年 EHGBooks 第一版

ISBN-13 : 978-1-64784-224-6

序

　　道是宇宙的规则，宇宙万事万物都要符合道理，而人类有自由意志，可以选择自己的意欲，往良善的方面发展，视为义行，或懿行；往恶的方向发展，则害人害己。理想的人是提升自己同时提升别人，达到至真至善至美的境界。我们追求宇宙真理，发扬宇宙懿行，产生精神上的美感共鸣，这是上天赐给我们实践生命的特殊能力，因此，只要达到此境地，人就不会有痛苦了，将痛苦化为助人的善行，达到美感的共鸣！

目录

第一章　宇宙人生 1

第二章　宗教冲突 15

第三章　健康问题修练 20

第四章　宇宙人生哲思 31

第五章　结语 33

第一章　宇宙人生

人类，是一个能量与物质的综合体。我们的能量称为电流，是从宇宙的道本体产生，即柏拉图的「分有说」我们的能量电流来自于宇宙信息场，经由宇宙道的分有，所谓神的意识，分出个体的灵魂，这个带能量意义的灵魂，经由宇宙生生世世的流转，不断前进，根据我们的修为，投生在宇宙不同时空、世界、星球。

道的本体，是万事万物的准则，宇宙任何事物违背了道，都会受到惩罚，因为天理不容故。我们有灵魂的生命，最终的目的是要作出符合道的规则，一天理运行，凡不依天理运行的结果，就是走向毁灭。

宇宙总有个理，即道理。道理何产生？科学家们急于以实验、观察方式找出真理。但是，宇宙的道理不是那么简单就能了解。五千年前古印度有所谓的「天启文学」，天启修行人，这些修行得道者着了千万本的天启著作。中国《易经》、《老子》，印度的《奥义书》、《吠陀书》、希伯来人的《圣经》等，即为此代表。这些天启的著作，是先民们智慧加修行所得到的心得，指引未来人们立足于生命所追求的目标。

　　但，何为宇宙的本体？宇宙本体无垠际涯，空即是有，有即是空。空有两面，各自显现。所谓宇宙，或者是宇宙初期，先是存在道的，也就是神的意识，然后这个意识经由分化，到各处去，形成平行宇宙。平行宇宙中的意识，又幻化出更多的意识，这个宇宙就愈变愈大，从暗物质、暗能量到物质、能量，再变出时间、空间、维度，于是这样千变万化之下，宇宙就愈变愈大了，即一直在不停膨胀。

　　人类是什么呢？四维时空下的产物。我们有时间、空间、点、线、面。我们在父精母血的结合成物质，后宇宙的灵魂电流注入到这物质之中，于是人就是物质与能量的结合。但在气功的说法，这两个还不够，还有意识。意识为何？即为宇宙意识的本体，分有于各万事万物。从夸克、微中子、电子、原子、分子…。地球上的病毒、细菌、动物、人类、水、石头，万事万物都有宇宙的意识，即为信息 DNA。这些编码不只来自双亲，简单来说，就是来源于宇宙的分有。

　　大智觉者佛陀曾悟道：「万物皆有情」，此为宇宙意识分有万物的最佳诠释。

人体是父精母血构成，营气提供生命营养能量，卫气防御病邪，宗气管五脏脉络，经络为人体电能运送的电线，丹田为人体的发电机。人的身体除了吃饭、睡觉补充能量，最好劳逸结合。最理想的状况是工作十二小时、休息十二小时，才符合太极养生大道。

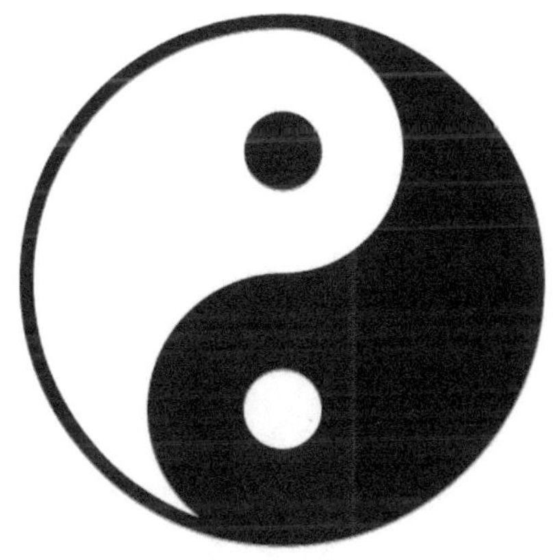

　　头部分为：前、中、后、顶、两侧，里面有很多宫、丹田球，要补充上丹田，可采取以下练功方式。

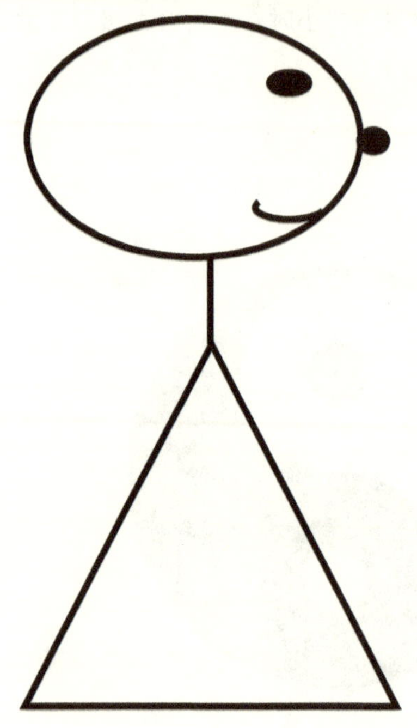

人体意象图

1. 盘坐

2. 舌顶上颚

3. 一念不起

4. 练神还虚

5. 宇宙能量充电

6. 半小时充满

一、盘坐

　　把脚拉拉筋、活动活动，盘腿坐着，刚开始一定会麻、酸、痛，这是因为腿部气血尚未通畅，一天先一分钟一分钟进步，等三个月后，脚的气脉自然畅通，盘坐久了也不会累了！

　　脚部有足太阴脾经、阳明胃经、厥阴肝经、少阳胆经、少阴肾经、太阳膀胱经。多拉筋、盘坐可以畅通脾、胃、肝、胆、肾、膀胱。外侧为阳经，内侧为阴经。

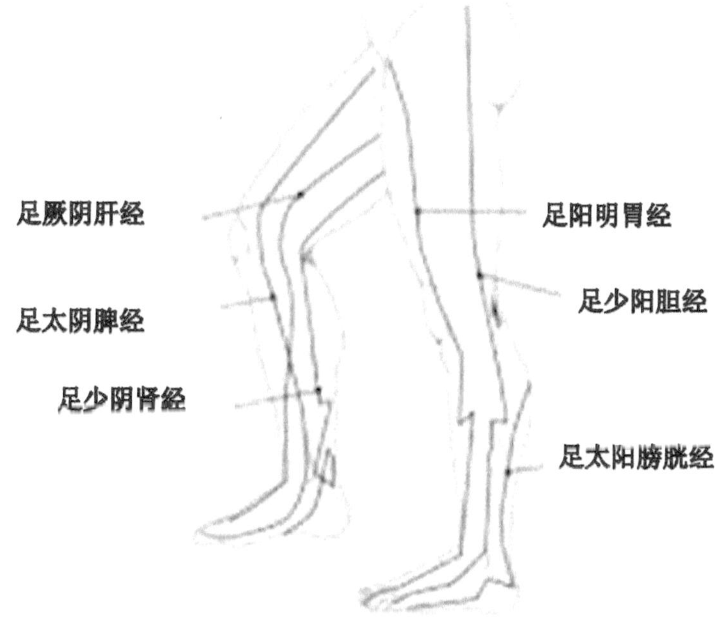

二、舌顶上颚

　　顶上颚的目的是为了接通任督二脉。任脉位于体前，从牙龈至喉咙、胸腔、腹腔到会阴；督脉位于脊椎骨至头经面至牙龈，任督二脉经舌顶上颚相接，称为「搭鹊桥」。

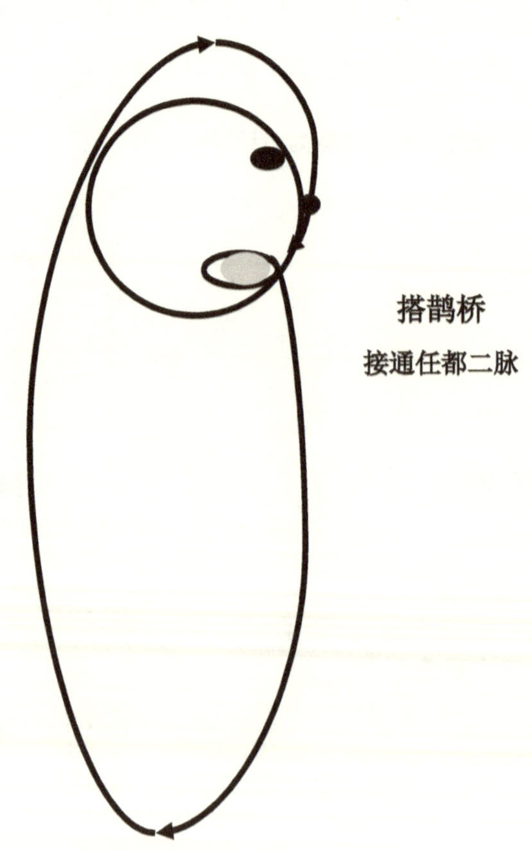

没有经过修练的人，思绪常常是有杂念的。杂念就像我们的干扰波，会消耗我们人体的能量，如何储备能量，蓄势待发？庄子提到：「心斋」与「坐忘」。心斋为从耳朵听声音，再从耳外的声音，转至听自己心里的声音，再进一步离觉忘智，达到虚空寂静的境界。坐忘是忘记自己的得失、我执，超越道德感、分别心，转向与宇宙大同共存的虚静。

口诀：

万法归一，宇宙混元，

虚静大道，返本归元，

精神内守，目光回收，

本我相融，合一人天。

练完口诀后，心平静下来，开始从一数到十，再一直重复数，数到心里只有数字，其他杂念摒除，接下来慢慢放松，放空，把念头都摒除，开始入静。练三个月到半年之后，可以在一盘坐五秒之内入静。愿各位同道都能达到此境界。

三、练神还虚

　　练神还虚是修练的高级境界。当我们把意识纯净、无杂念，就能参透宇宙诸多道理，进而达到开发自己天赋能力，慎独，明心见性，进而飞龙在天，群龙无首，大家共同发挥自己独特的能力。

〈乾卦．用九〉：「见群龙无首，吉。」

四、宇宙能量充电

　　人和宇宙万物一样，都是由道本体分化出来的个体，宇宙的能量是我们的泉源、本源。「道生一，一生二，二生三，三生万物。」我们应该把宇宙所有的东西都看做同类，民胞物与，万物齐一，众生平等，没有优劣、绝对，只有相对。修行的最高境界是无善无恶，斩三尸，经过不断修行的努力，达到宇宙本体的境界，此乃修行最高等级。没有生死，只有与道长存，能穿越空间，达到神游的至人、神人境界。

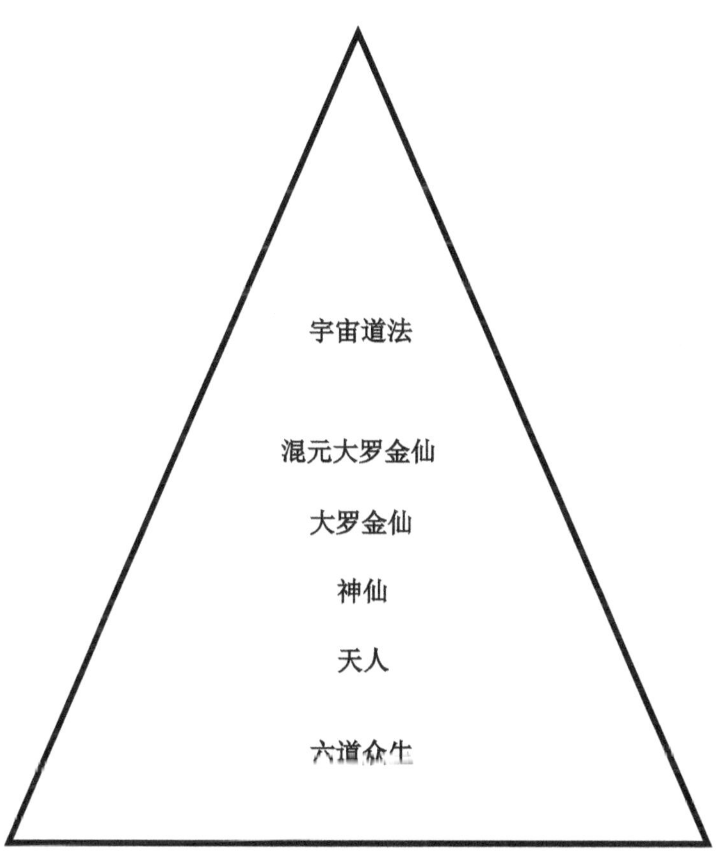
宇宙道法
混元大罗金仙
大罗金仙
神仙
天人
六道众生

五、半小时充满

半小时是一个人体经络休息恰当的单位，大于短暂的五到十分钟，小于漫长的几小时。以修道者的经验，每天累的时候打坐半小时，可以再维持 3 小时的体力。

打坐充电有两种方式：一种是什么都不能想，这样是「空」、「无」的境界，混元的境界，这种方式接触到神、道本源，直达宇宙大道，接收宇宙大能（光波、电波、磁波、基督上帝、耶稣、各类神佛祖师的能量）。第二种方式为用意念观想身体需要补充的地方。用意念吸收日月星辰，山川树木的力量，千万不要在抽烟、厕所、污染、脏乱的地方吸能量，这样才能确保吸到身体的正能量。

关于使用意念和不使用意念两种方式：使用意念能量是自身主导，以意识调动外界能量，进入人体补充；放空意念的本体是空，能量最强大，但可能要几年的修行功力才能达成。但是不是每一个修行者都能达到。凡是贪、嗔、痴、我执、知识障、心思不单纯者皆不能达到。简单来说，心思愈不单纯的人，愈不易修道成功。因为，他们利用宇宙给他们自由意识，经由个人成长的人格塑形，形成他们自身的处世态度，贡高我慢，对真理大道嗤之以鼻，他们的小聪明，来对抗追求修行宇宙道理，故他们会有人生求不得的痛苦，因为，他们追逐无止尽的名、利，只以比较成就、金钱来满足自己。他们的人生无其他价值，只有钱、权、名来彰显自己的优越性，得到成就感，这是最可悲的人生，死前不悟道，还会继续在六道流转，成不了天人、仙、或佛、大罗金仙、混元大罗金仙等比人类生命更高等的灵。

能量充满呼吸法：先放松身体，意守丹田。引气至下丹田，顺时针转 108 下，往下至会阴逆时针转 108 下，再沿脊椎督脉上升至头顶，顺时针转 108 下，再沿头至面，引气至鹊桥，接通任督二脉，再由喉部往下至胸腔，再膻中穴中丹田处顺时针转 108 下。最后，引气回到下丹田处转 108 下收功。

最后默念口诀：

自觉已满觉他度人，

是以我道大觉能人。

即完成本次修练。

天人之道

吸收能量的功法：

一、对太阳

二、对月亮

三、对阳性树木（如菩提树，不要榕树那一种阴性植物。）

四、对无毒的花（如向日葵、莲花、荷花、桃花、柳树，不要马樱

　　丹那种有毒的。）

五、对大草原

六、对雪山

七、对瀑布

八、对江河海洋

九、对星星

十、对灯泡

具体吸气法：

　　目视能量源，经由印堂向内灌气，记得意随气行，进而意气合

一。然后吸至上丹田，从额叶，至松果体，再玉枕，打通脑部前中

后三个区位，然后接上述运行任督二脉的方法，这样上、中、下丹

田、督脉、脑中、任脉即可畅通。

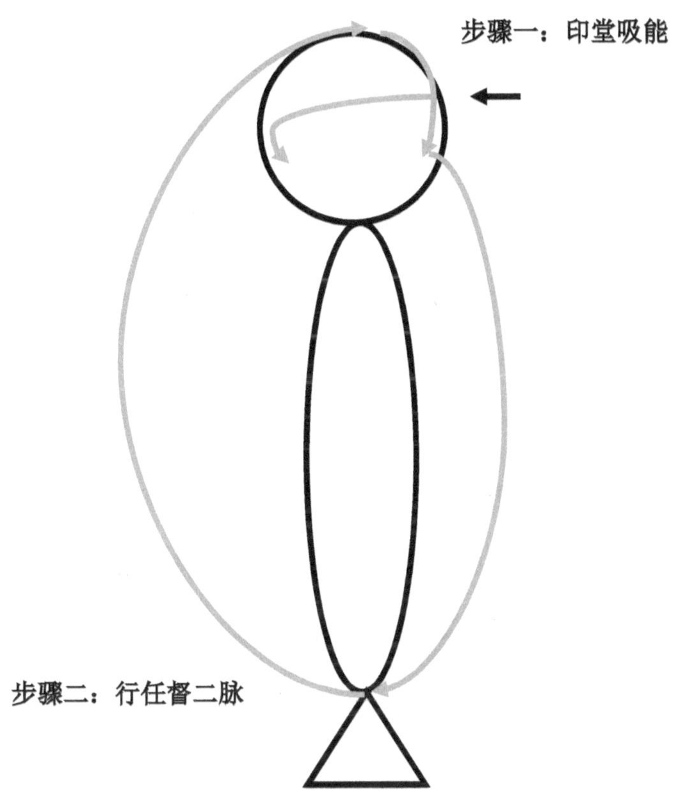

步骤一：印堂吸能
步骤二：行任督二脉

　　人生的目的是追求什么，最简单的一个答案就是符合道理。为什么要符合道理？因为我们肉身死后又返回宇宙，即回归道的本体，故我们在任何一个时空里面，都要心心念念，不要忘了宇宙的道，不能断了与宇宙联系的关系。人生的目的不是在追求名利，而是要发展宇宙分给我们万物之灵在此生独有的天性，不断的往好的一面发展。是要互惠互利，不是要比较竞争把人踩下去，因为宇宙是爱组成的意识，我们要去帮助比我们弱小的灵魂，不是利用我们的能力只为自己图利，这样格局太小太窄，走不出人生的康庄大道，对我们生命也没有任何提升，只是在低层次的比较竞争中，获得短暂的满足快感，但是这永远不会快乐，也达不到永远的快乐。

　　宇宙有 138 亿年的历史，但据佛陀的悟道，我们万灵的生命，是比宇宙的大爆炸还提前就存在，不限制在此范围之内，亦不为限缩在此时空之内。所有生命的意识，是早于物质的原子分子粒子的爆炸。人类的生命只有短短百年，而天人、仙、佛、神的寿命依据累世道行的高低依照等级从数百年数千年数万年数亿年数兆年，最高等是无止尽的生命，永生。

第二章　宗教冲突

宇宙的道理，人试着去探索、发现，提出新的见解，发展新的理论。在不同学派之中，对世界亦有不同的解读。当不同领域的人在面对宇宙问题，各自的诠释方式解释了自己对事物的看法。那人对世界的诠释，是否有一定的标准呢？解释宇宙万物的现象、成因是依据医师的标准？物理学家的标准？法官的标准？还是修行人的标准？世间的道理，被人们认识后，有一定的真理吗？真理是怎么被理解？是建构出来的吗？还是各执一知识障的专家所构思诠释出的一面之词？

一、犹太教宗教观

犹太教是一个广泛的宗教，是犹太人从与自己民族保护神耶和华所约定。犹太人是生活在以色列的游牧民族，他们的国家被亚述与巴比伦灭掉流散世界各地。他们的先知经过天启，将宇宙的道理人格化为一位父神—耶和华天父，犹太人藉由《旧约》的天启教条来维系天父与以色列民族的亲密关系，认为自己是上天的选民。但是因为犹太人太注重律例教条，且祭司阶级腐败、堕落后，才有基督教的出现。

二、基督教

　　基督教是以神的儿子耶稣为主，藉由博爱、信主来规范以色列人的生活。但是基督教的先知受到天启，上帝传授《新约》，并派儿子耶稣来帮助世人，门徒保罗与彼得向外邦人传教，不断受到犹太教与罗马国王的迫害，这使得许多圣徒殉道，但基督教博爱的思想，影响了两千年来西方文化主流。

　　基督教是一个广博的宗教，因为要向外邦人、异域人传教，就不能固守犹太教的单一民族思想，犹太教的耶和华只照顾犹太民族，他们是上帝的选民。但是基督教的立足点不同，他要往外扩张，所以更包容、更博爱。

　　基督教能形成世界型宗教的原因就是包容、博爱、助人，这符合了宇宙的大爱精神，所以信基督教并实践的人，今生的肉体死后会走向基督教的天国。基督教的天国是平行宇宙中的一个世界，里面有天使，天使仅次于上帝，与基督平等，不用生育，以牛奶和面包为食。他们执行上帝的命令，帮助耶稣统治人民。撒旦是背叛神的天使，他算是恶灵，信宗教的目的是要对付撒旦，彰显神美好的指示与善行。若信宗教还做坏事，那不如不要信，因为他们都没有发扬好的道行，那信了有什么意义呢？

三、伊斯兰教

穆罕默德是阿拉伯人的先知，活跃于 7 世纪。先知就是天启者被上天启示来教导人民神旨意的人。穆罕默德受到大天使加百利口授传承《古兰经》，教导阿拉伯人从事十一奉献、五功、斋戒的懿行。伊斯兰教主要流传至阿拉伯、东南亚、中亚、中国新疆等地。

四、佛教

佛教是释迦牟尼于公元前六世纪在尼泊尔开示传播的宗教。因为印欧民族的雅利安人统治印度土著，为了维护其优越的统治地位，建立婆罗门教与种姓制度。但因为释迦牟尼看到婆罗们祭司的腐败，建立改革的理念，才将佛教众生平等，与从吸收希腊毕达哥拉斯轮回的概念，建立山佛教的轮回观、慈悲为怀的精神。

宗教的目的是抚慰人的心灵，劝人为善，提升灵魂生命，上天（道、上帝）不是要我们用人的观点来划分界线、排外，宗教是人们建构的概念，上天没有建立宗教，无名为万物之母。无名就是天道，有名为万物之始—人们的划分。人一直将自己的信念聚众，划分界线，这样造成宗教冲突、教派对立是不对的。因为聚众划清界线，你只对你的聚众发挥爱，你不是广博的爱人，故要打破教派、宗教之间的对立，去爱你不同派别、不同信仰的人，宗教精神才会提升。

至于，宗教为何存在在世界上呢？人类在生存的环境奋斗之中，会遇到苦难与挫折，当自然的威力令人类慑服，人就会把宇宙的超自然力结合人的想象力，幻化出具有人格化特征的「父」、「神」、「自然神」等形象。犹太民族是将自己民族信仰结合天成为「天父上帝」；印度传统是以「梵」为总括；中国是以「天」为宇宙概念，不同民族有不同民族的宇宙生成建构方式，不能强迫别的文化吸收亚当夏娃创世的概念，因为中国是伏羲和女娲造人，强迫不同民族的人信奉异文化的信仰是有难度的。

世界上的宗教，若是良善的宗教，都是劝人为善，祛除恶势力。若没有奉行宇宙精神的宗教，是无法在人世间长久立足的。人信奉宗教，大概出于心灵平安、身体健康的因素，加入的一个宗教群体。这个宗教群体有仪轨制度，需要信徒参加一些活动。但是，人加入宗教群体，参加法会、聚会、捐钱就可以平安吗？其实不是。因为真正的平安喜乐是出自内心无得失心的奉献，你能舍己为人，这比捐几亿元给宗教团体都有效。财施、法施、无畏施，给人财物救济，传授人们好的道理，给别人心安，都是布施行善，甚至做义工也是，所以只要是发心为了世界更好，捐几亿的人和做善事的人都一样是善人。我们要提升不同人类、动物、非人类生命的灵魂，当然人不能只为自己自私自利的聚敛财宝，还要把多的分给需要救济的人，帮愈多的人、生命，我们的生命会更有意义，因为我们可以帮助别人提升，自己也得到救济世界的成就。

第三章　健康问题修练

现代人在竞争、压力、比较、3C 产品的影响下身体受损。两岁的娃娃就带着大眼镜，高度散光、近视，令人心疼。于是我发心想传授在我自己修练三年之下，近视减轻 150 度，散光减轻 25 度的方法，希望帮助受到 3C 产品毒害的幼童。

通眼经络功：

一、意守两眼球，从眼睛内侧水平向前→旋转至外侧→向后→回向前，转圈练 100 下。

二、从眼睛内侧水平向后→旋转至外侧→向前→回向后，转圈练 100 下。

三、从眼睛顶端向前→向下→向后绕圈，转 100 下。

四、从眼睛顶端向下→向前→向上，转 100 下。

五、眼睛与后枕骨对冲，将视觉神经活络。

六、眼睛与头顶对冲，打通宇宙与眼睛的能量。

重要配合事项：

1. 一天要劳逸结合，用眼 12 小时相对休息亦要 12 小时，练功才
   有效果。

2. 放松放大眼七分大小来看东西、3C，不能瞇眼挤眼，距离要 30
   公分。

3. 更多心法在线指导，请加老师微信：hp1350166，收咨询费。这
   套功只有我传授，我叫 Benevolence Kuo（有照片），别人都是仿
   冒的。

4. 喝老师教你的能量水补气法，自己拿水练功产生。

5. 上述四点请配合练功。

   现代人因为在求学、职场上竞争比较，受到压力会产生身心疾
病，这里有 一套治疗忧郁、躁症、强迫检查、自律神经失调、思觉
失调的功法，希望帮助病友改善症状。

天人之道

一、忧郁

1. 找出压力源。

2. 抽丝剥茧那个对你心里造成的压力，然后想到问题点在哪里？

3. 看有没有改善的对策：想 3 个方法解决。

4. 去努力实践解决的方法，若成功解决，心理压力减轻，就可以慢慢消除病症。

5. 以后遇到同样事情发生，或人生中遇到更多困难，都照这个方法实行。

二、躁症

1. 规律晚上睡觉满 8 小时。

2. 下午开始不要喝咖啡因饮料。

3. 控制脑波（脑波控制法）。

4. 不能信口开河、过分夸耀。

三、强迫检查

1. 在强迫症状发生时注意行为点。

2. 慢慢检查数秒数（例如一次 1 分钟→50 秒→30 秒→10 秒→5 秒逐渐减轻）从检查 10 次→8 次→5 次→3 次→2 次。

3. 控制检查次数与秒数，检查不超过 3 次，一次不超过 10 秒即可。

四、自律神经失调

1. 规律作息，晚上睡满 8 小时。

2. 找出压力源。

3. 对压力剥洋葱式的找出源头，想 3 个改善的方法。

4. 实践改善的具体方法，看问题解决了没。

5. 丹田呼吸法。

五、思觉失调

1. 要知道自己生病的原因。

2. 想生病突破的方法。

3. 建立自己的小目标→中目标→大目标；短期目标→中期目标→长期目标。

4. 把自己当正常人看待，思觉失调受不了压力就要想办法让自己能慢慢承受人生的压力，不然不能正常过日子，老了只能被送去住疗养院。

5. 发作时脑波控制法。

6. 脉轮呼吸法。

脑波控制法：

脑波种类		频率	特性
Delta（δ）		0.1～3 Hz	属于「无意识层面」的波。是在非快速动眼睡眠第三期时出现的脑波。修练禅定波。
Theta（θ）		4～7Hz	属于「潜意识层面」的波。存有记忆、知觉和情绪。影响态度、期望、信念、行为。创造力与灵感的来源。深睡作梦、深度冥想时。心灵觉知、个人见识较强、个性强。
Alpha（α）	慢速 α 波	8-9Hz	临睡前头脑茫茫然的状态。意识逐渐走向模糊。
	中间 α 波	9-12Hz	灵感、直觉或点子发挥威力的状态。身心轻松而注意力集中。
	快速 α 波	12-14Hz	高度警觉，无暇他顾的状态。
Beta（β）	Low Range	12.5～16 Hz	放松但精神集中
	Middle Range	16.5～20 Hz	思考、处理接收到外界讯息（听到或想到）
	High Range	20.5～28 Hz	激动、焦虑
Gamma（γ）		25～100 Hz（通常在 40Hz）	提高意识、减轻压力、冥想
Kappa（κ）		6～12 Hz（通常在 8～10）	α 波的一种

Sigma（σ）	12～14 Hz	一阵有着独特的纺锤波形的浪，这是最有用和最容易学习的正常睡眠阶段与深沉睡眠阶段的相关标记。这是非常窄频带的信号，由许多神经元的同步活动引起。窄频带，或同步的神经元活动通常与静态的大脑状态相关，和那些活跃的精神状态（γ，β波）宽带带信号相反。σ波中心频率人人不同，有时可以与「正常」范围距离相当远。（又称作纺锤）
Mu（μ）	7～11 Hz	类似于α波，与α波不同的地方是，它不受睁眼或心算的影响，并且受到体感刺激和四肢运动的抑制。（又称作 Mu 旋律）

修练禅定波（Delta（δ）0.1～3 Hz）

1. 舌顶上颚。

2. 放空头脑。

3. 随息（随着呼吸气息）数数。

4. 心神专一，心斋。

5. 坐忘。

6. 入定。

此需半年以上修练才能达到这样的程度，愿各位都能达到此境界。

丹田呼吸法

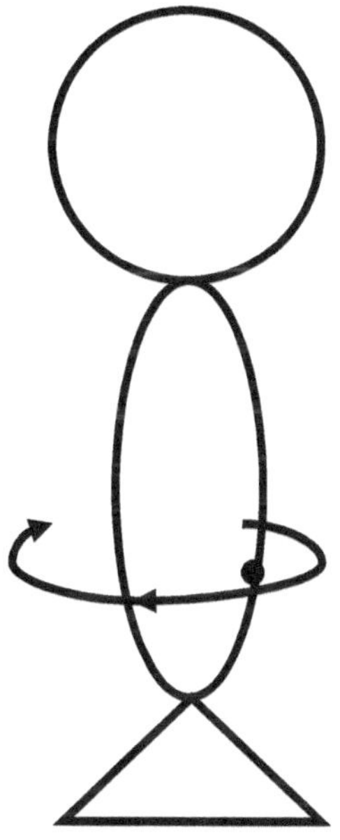

脉轮呼吸法

每个轮各顺时针转 108 下

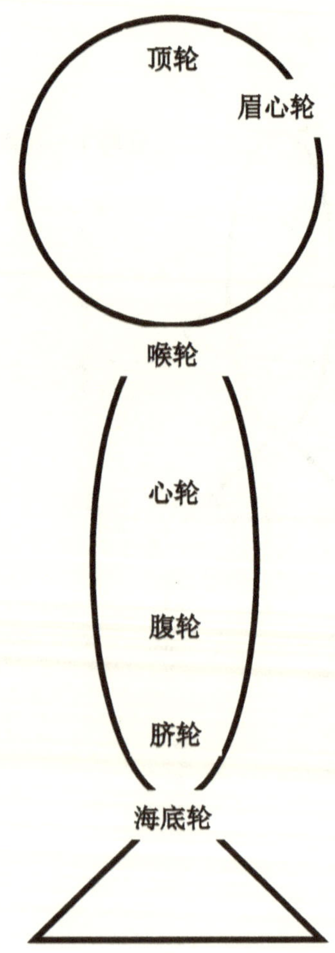

修练禅定波可以平复受刺激的精神状态，快的话只需 5 秒就入定，故有精神疾病者若平时有修练静功（禅定），这是不会走火（气积丹田头痛）与入魔（看到神佛鬼幻影）。因为静功是最安全的功，就是冥想结合气功的方式。练过静功的人，快速能达到禅定波，这样既使受到精神刺激，也能快速安静脑波，达到 0~3 赫兹（我是 2 赫兹），这样原理之下，精神状态不稳的人一下子就能控制心性，减少发作住院的机会了！

以上练功方式可加我微信：hp1350166，更多心法在线指导。这套功只有我传授，我叫 Benevolence Kuo（有照片、有版权专利，本人修习正统道家气功达到高级班程度，另师承哲学家赖贤宗教授），别人都是仿冒的（若拜错老师行旁门左道，身体出状况后果自负）。

因修练有成，2023 年 6 月 6 日近视减轻 150 度，散光减轻 25 度，希望我的功法能帮助受眼疾所苦的同胞。至于控制脑波，我可以从五种脑病的重症剩下只吃一颗小小 5mg 的药，不用每天躺床躺 20 小时、每天发病，还成家立业，照顾家人，这是修练 3 年半的成果。

天人之道

修练心法：

1. 和别人比较会走火入魔。

2. 只要想自己每天进步一点。

3. 不能存有贪、嗔、痴、慢、疑的心态修练。

4. 回归大自然。

5. 不能有得失心。

6. 放空、放松、心斋、坐忘。

7. 要在空气好的地方练。

8. 要在磁场好的地方练。

9. 要无条件奉献比自己更需要帮助的人。

10. 提升自己思维灵性才会进步。

11. 多吃健康蔬果，少吃烧烤、炸物、辣的东西。

12. 多喝好油，如蔬菜油、酪梨油、葡萄籽油、玄米油、亚麻仁油、紫苏油、红花籽油、葵花油、玉米油、大豆油、椰子油。

13. 少吃防腐剂、添加剂、奶精、棕榈油零食。

14. 不要擦化学荷尔蒙，如：含甲醛指甲油、含铅化妆品、塑化剂、多氯联苯等产品。

15. 注意正常作息，休息 12 小时，工作 12 小时，符合太极图。

第四章　宇宙人生哲思

$$\bigcirc = \varnothing \cup \infty \longrightarrow \text{☯}$$

混元无极＝空联集有产生太极

$$\text{☯} = (\female = \text{☷}) \cup (\male = \text{☰})$$

太极等于坤女联集乾男

$$\bigcirc = (\varnothing \cup \infty)' \cong \text{☯}' =$$

已知與未知的宇宙世界

混元无极等于空联集有的补集约等于太极的补集等于已知与未知的

宇宙世界

$(\varnothing \cup \infty)' = ?$ 的宇宙 or
(多重宇宙∪平行宇宙)

空联集有的补集等于未知宇宙与多重宇宙联集平行宇宙

$$\cup ⚧ \cup ♂ \neq ☯ \neq (♀ = ☷) \cup (♂ = ☰)$$

跨性别联集双性别联集无性别不等于太极亦不等于乾与坤的联集

$$\bigcirc \gg ⚧ \cup ♀ \cup ♂ \neq ☯ \neq \left[(♀ \cup ♂) \right]$$

混元无极远大于跨性别联集双性别联集无性别不等于太极亦不等于

男与女的联集

$$\bigcirc \approx ⚧ \cup ♀ \cup ♂ \cup ☯ \cap (♀ \cup ♂) \cup \infty$$

混元无极约等于跨性别联集双性别联集无性别联集太极交集男与女

的联集与有的联集

第五章　结语

人生的目的是在追寻自己的天分，进而对宇宙世间的万物有贡献，我们把格局放到这个层次上，即为民胞物与、万物一体的境界自始至终都融为一体，人生求知化苦为善，化善为美，达到宇宙大爱精神，即为神性、灵性。在此之中，你会无得无失，体会到天地有大美而不言。

34

天人之道

The Way of Universe and Human

作　　者／Benevolence Kuo

出版者／美商 EHGBooks 微出版公司

发行者／美商汉世纪数位文化公司

台湾学人出版网：http://www.TaiwanFellowship.org

地　　址／106 台北市大安区敦化南路 2 段 1 号 4 楼

电　　话／02-2701-6088 转 616-617

印　　刷／汉世纪古腾堡®数位出版 POD 云端科技

出版日期／2023 年 10 月

总经销／Amazon.com（亚马逊 Kindle 电子书同步出版）

台湾销售网／三民网络书店：http://www.sanmin.com.tw

　　　　　三民书局复北店

　　　　　地址／104 台北市复兴北路 386 号

　　　　　电话／02-2500-6600

　　　　　三民书局重南店

　　　　　地址／100 台北市重庆南路一段 61 号

　　　　　电话／02-2361-7511

全省金石网络书店：http://www.kingstone.com.tw

中国总代理／厦门外图集团有限公司

地址／厦门市思明区湖滨南路 809 号国际文化大厦裙楼 5 楼

定　　价／新台币 450 元（美金 15 元／人民币 100 元）